気ままに美波

浜辺美波

日経BP

はじめに

この本は、私が高校3年生になったばかりの2018年の初夏から現在までの心境と、そのときどきに撮り下ろした写真をまとめたものです。

これまでの写真集などは、数日で撮影したものですが、1年以上の時間をかけて撮っていただいたものを世に出すのは初めて。

たった、1年ちょっと前ですけれど、今見直すと最初の方は幼いというか…(笑)。顔つきもそうだし、表情のつくり方も全然違っています。私は、そのときに演じている役や、プロモーションをしている作品だったり、自分が置かれた環境の影響を受けやすいんです。だから、急に大人っぽかったりして、表情が違う。例えば、18年の夏は、『アルキメデスの大戦』と『賭ケグルイ』の撮影をしていました。『賭ケグルイ』は、特に影響されやすい作品で、その感じが出ていると思います（笑）。

文章も、その時々の気持ちを話したものをまとめていただきました。この1年は、私にとって大きな時期でした。高校を卒業して、大学には進まず、俳優の道1本で行くと決意しました。いろいろなことを考えた1年でした。

学業と仕事の両立はもちろん大変でしたけど、嫌になることはありませんでした。卒業に向けてテストが大変だなとか、お休みが欲しいなと思ったこともあるのですが（笑）。

現場に行ったらやっぱり楽しく、早くいろいろな作品をやりたいなと思うんですよね。高校を卒業し、お仕事とプライベートのバランスの取り方を学べた年だったのかなと思います。

この本を通して、そんな考え方の変化も感じていただけるのではないかなと思います。

Contents

目 次

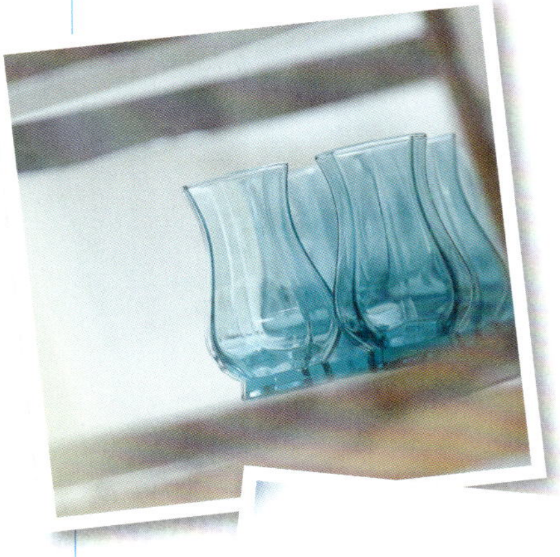

本書は日経エンタテインメント!
(2018年7月号～2019年10月号)の連載を基に
加筆、書き下ろしを加えたものです。

Special Talk 1

19歳の誕生日を迎えて

2019年8月29日、19歳に。
「早く20歳になりたい」けれど、
「10代のうちにしかできない演技」もある。

2019年8月29日に誕生日を迎え、19歳になりました。11年に第7回「東宝シンデレラ」オーディションでニュージェネレーション賞をいただいて芸能界入りしてから8年間。振り返ると、10代自体があっという間に感じます。16年の『咲-Saki-』で初めてドラマ主演を務めて、翌年の『君の膵臓をたべたい』で初主演映画、と様々なお仕事を経験させていただきました。特に18歳から19歳になるこの1年は、高校卒業に向けての勉強とお仕事の両立もあったせいか、本当に早く感じましたね。今はお仕事一本に打ち込んでいますが、学生の頃とは全く違う感覚。20歳になるまでの1年は、もっとスピードを早く感じられるんじゃないのかな。

19歳って中途半端な年でもあるんですよね。選挙権はあるけれど、20歳にならないとできないこともたくさんありますから。作品の打ち上げげに

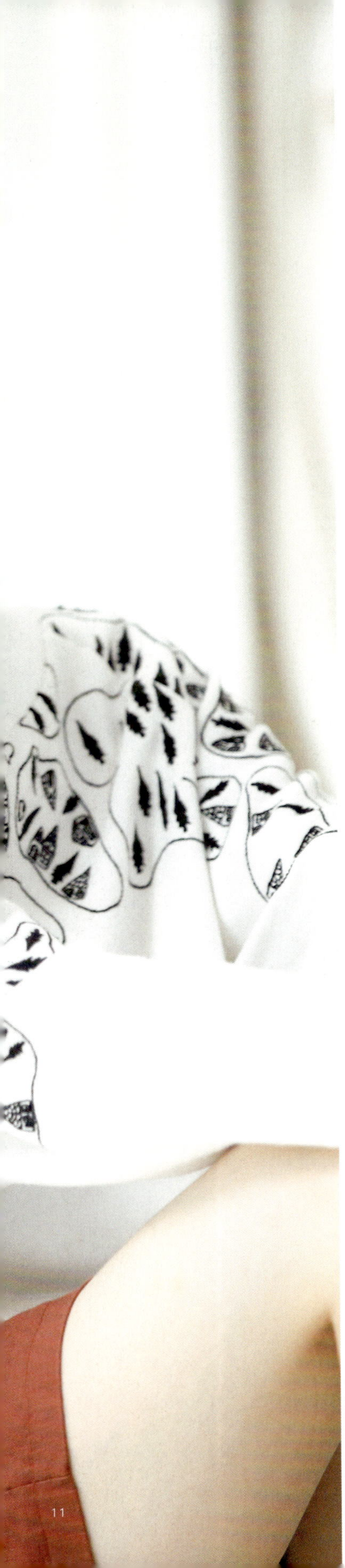

誘っていただいても、「あ、まだ19歳だったか。残念だね」と言われることもあります。アルコールは20歳からですからね。お酒は飲むためでなくても、お料理のための料理酒やみりんなども、スーパーで買えないんですよ。これが一番不便！　せっかくお料理を好きになったのに、調味料を1人じゃ買えないなんて（笑）。今は母が東京に来てくれたときに買いだめをしたり、送ってもらったりしているのですが、20歳になったら赤ワインを買って、手の込んだ煮込み料理や、リキュールを使ったお菓子作りがしたいです。

お酒以外でも、19歳までは何をするにも保護者の同伴や同意が必要な場面が多いんですよ。例えば、ジムの入会。親の同意が必要だったり、会費の引き落としのためにクレジットカードを作らないといけないとか、20歳以上じゃないと自分1人ではできないんです。

お仕事の面でも、19歳になったことを実感する機会が増えてきました。撮影現場にいらっしゃるスタッフさん、他の俳優さんのマネジャーさんなど、同い年のスタッフさんとご一緒することが多くなっているんです。私と同じように、高校を卒業して、社会人としての道を進み始める方がたくさんいると感じています。

今までは、撮影現場の全員が年上というのが当たり前だったのですが、同世代の人が増えてくると、いろいろと変わってくるのが楽しみですね。

例えば、同世代ということでもっとフレンドリーに話せたり。以前、あるスタッフさんから聞いた話なのですが、その方が初めて入った現場に、同じように初めての仕事をした俳優さんがいたそうです。その後、お2人が現場で会うと「お、久しぶり！」と言い合える、まるで会社の同期のような関係になったんですって。そういう方がいるだけでも、現場に向かうときの気持ちは変わってきますから。私もそういう関係を築ける人がいればいいな、と思っています。

10代のうちに様々な経験を

また、10代のうちにしかできない演技もあると思っています。17年の映画『亜人』では佐藤健さん演じる主人公の妹・慧理子を演じましたが、主人公の妹役という役どころは、20歳以降はきっと少なくなっていくのかな。妹役ではなく、姉役として妹・弟役の俳優さんを引っ張らないといけなくなるはずです。

実は、20年公開予定の『約束のネバーランド』の撮影をしていたのですが、10代前半の子役のみなさんが多いんです。私がみんなを引っ張っていく立場で、とても勉強になっています。撮影以外の場でも、雑談をしたりと私から仲良くなっていくスキルを身に付けることができたら、撮影自体もうまくいくと思うんです。こういうときこそ、年上の立場から距離を縮めていかないといけない、と最近よく考えるようになっています。

この作品では、初めて子役のみなさんのオーディションの現場にも立ち会ったんです。私の意見が採用されるのではないのですが、子役と私のバランスを見たい、という製作のみなさんからの申し出がきっかけでした。私が子役の頃は、オーディションに参加しても最終まで残れないことが多かったので、共演の俳優さんが見に来るといったことはなく、オーディションの場で共演者に会うのは本当に初めての経験。そしてこれが、「私がこれからは彼らを引っ張っていかないといけないんだ」という自覚が芽生えた瞬間です。子どもたちがとても自由に、緊張もせずに遊んでいたりするのを見て、彼らのパワーを感じましたね。一方で、年齢によっては距離の詰め方も違って、少し大きくなると敬語の子もいたり。「タメ口でも

いいよ」と声をかけるのは私の役目なんだろうな、などと考えていました。

まだ19歳になったばかりですが、このように日々、大人になっていくんだなと感じることがあります。だとしたら、20歳を過ぎたときには、どれだけお仕事の幅が広がり環境が変わるんでしょうか（笑）。それに向けての準備期間が、この19歳の1年なのではないかと思っています。「早く20歳になりたい」「大人になりたい」という気持ちはありつつも、今しかできないことを考えながら、20歳になるまでの準備期間としての1年をエンジョイしたいですね。20歳以降にやりたいこと、できるようになることを楽しみにして、そのための気持ち的な部分、行動的な部分の両方で準備をしていけたらいいな、と思っています。

2018 Summer

2018
6月

学生でいられるのは1年。今だから演じられる役がある

今月から連載を始めさせていただくことになりました。初めに自己紹介をさせてください。私は、2011年の第7回「東宝シンデレラ」オーディションでニュージェネレーション賞に選ばれて、芸能界に入りました。最近では17年の映画『君の膵臓をたべたい』や『亜人』、18年は4月からドラマ『崖っぷちホテル！』にも出演させていただいています。この連載では、女優としての思いはもちろん、日々の生活のなかで感じたことや影響を受けたことなども、気ままにお話しできたらと思っています。

第1回は、この春から高校3年生になったことについてです。高校3年生になって思ったのは「あと1年しかない」ということ。1、2年生のときは、「あと何年も学校に通わないといけないんだ」っていう思いが強く、長いな、大変だなって感じていたのですが、いざ3年生に進級してみたら、それとは全く逆の気持ちになったんです。

そう思うようになったのは、同じクラスの友達のおかげですね。クラス替えがなかったので、クラスメイトは3年間ずっと一緒。3年かけて仲良くなった分、「あと1年しか一緒にいられない」という気持ちが、進級した瞬間からどんどん強くなっているんです。だから、今は友達と一緒にできることをやるように心がけています。例えば、お昼休みに運動場でみんなでバレーボールをしたり…。

って、実は私、運動がすごく苦手なんですけどね（笑）。私の体育嫌いは友達の間では有名で。体育の授業の準備体操では手を抜いていたり、球技のときは前もって「あまりボールを回さないでね」と根回ししたり（笑）。でもそれじゃいけないと思って、みんなとの時間を楽しんでいます。そんな私の変化を、友達は心底驚いていますね。高校生らしいキャピキャピしたところを表に出したことがないからかな（笑）。

この春からは生活スタイルも変わりました。これまでは学生寮に住んでいたのですが、ついに一人暮らしを始めまして。私自身は不安はなかったのですが、父や母は「本当にできるのか？」と心配だったみたいです。一人暮らしを始めて分かったのは、母の仕事量の多さ！　掃除、洗濯、炊事

などをしていると、本当にずっと立ちっぱなしなんですよね。母が「やっと座れた～」なんて言っていた、その理由がようやく分かりました。疲れて家に帰ってきてから、いろいろと家事をしているうちに、あっという間に時間が経ってしまい、「家事ってこんなに忙しいんだ」と母への感謝の気持ちが強くなりました。

高3になって初の社会人役

高校3年生になって、仕事の面でも大きな挑戦がありました。4月から放送されているドラマ『崖っぷちホテル！』で、社会人の役に挑戦しているんです。私が演じている鳳来ハルは、ホテルの新人総料理長なのですが、社会人を演じるのはこれが初めてで。

実は、お仕事の面でも「早く学生役を卒業したい」と思っていたんです。実年齢よりも上に見られることのほうが多いことや、私自身が落ち着いていることもあって、高校生役のときは「テンション高めに」と注意されることが多かったほど。現役の高校生である時期に高校生役を演じる等身大の眼差しを持った演技は、今しかできないことだと分かってはいるのですが、それでも早く大人になりたい、と思ってしまうんですよね。こうして社会人役を演じる機会をいただいたことで、今後、実年齢以上のイメージにはまっていくことができるのかな、とも思ったりします。

役作りの面でも、社会人の役は学生役とは全く違っていて。ハルは学生時代にどんな子だったのかとか、社会人になったことで芽生えた自立心とか、今までの役にはなかったことを考えながら演じられるのがとても新鮮です。それに、ハルの仕事の原動力は「お客様に喜んでいただけるお料理を作る」ということ。その点で料理人と俳優というお仕事の共通点を見出せるので、楽しみながら役作りに取り組んでいます。

お仕事に関することでは、体調管理にも今すごく気をつけています。特にウェイト問題（笑）。私は太りやすくて、ちょっと不摂生するとお仕事で迷惑をかけてしまうことがあったり…。ただ、今までは母が太りやすい体質ということで、私も同じと諦めていたところもあったんです。でも、

代謝さえ上げれば太りにくいカラダになるということに、ようやく気づきました。

きっかけは、映画『センセイ君主』の撮影のときにご一緒した、栄養士の資格を持った演技事務(役者周り担当)の女性。もともと彼女はふくよかだったと聞いて驚いたんです。だって、すごくスリムな方なんですよ! 彼女から「食生活や代謝を気遣うだけで体質は変えられる」というお話を聞いて目からウロコでした。一人暮らしを始めてからも、筋肉量や食べるもの、特にタンパク質摂取を心がけています。マイブームはプロテイン飲料で、寝る30分前に必ずシャカシャカしていますよ。

2018
7月

原作愛が強いからこそ難しい
マンガ実写化作品での演技

ヒロインを演じた『センセイ君主』が公開されます。この作品は、幸田もも子さんの原作マンガを映画化した作品ですが、私、これまでにもマンガ原作のドラマや映画に出演させていただくことが多いんです。私自身、マンガやアニメが大好き。『センセイ君主』も出演が決まる前から読んで大好きだった作品です。

小学校高学年くらいは、『海賊戦隊ゴーカイジャー』（2011～12年）や『仮面ライダーウィザード』（12～13年）などの戦隊ものにのめり込んでいました。マンガは、友達が読んでいたものを借りて読むようになって、どんどん好きになっていったんですよね。最初の頃に借りたのは、『好きって言わせる方法』や『となりの怪物くん』などの学園少女マンガでした。本格的にマンガを好きになったのは少し遅くて、中学3年生くらい。15歳くらいでハマると、青春時代はもうそのままそれに捧げてしまいますよね（笑）。中学生になると、コミックを買うくらいにはお小遣いの余裕もあるので、毎月マンガを買ってました。

私は11年の第7回「東宝シンデレラ」オーディションに参加して、11歳で芸能界入りしたんですけど、その頃は石川県に住んでいて、仕事で東京に来るときはホテルに泊まっていたんです。仕事を終えてホテルの部屋に戻り、テレビをつけると地元では放映していないアニメが見られたんです。東京のホテルに泊まるとアニメが見られる！って楽しみになっていました。私、何かを好きになると集中してしまう性格なんですよ。何度も同じマンガを読んだり、アニメを見たりするのはもちろんなんですけど、フィギュアにもハマってアニメ専門ショップに通ってましたよ（笑）。今、好きな作品は『コードギアス』シリーズや『マギ』、『キングダム』。冒険ファンタジーやバトル系が好きです。

マンガの実写化はどうしてもキャラクターの絵と俳優のイメージが違うことが多いので、以前は私も違和感を感じていたことがあったんです。でも、マンガをどんどん好きになるにつれて、原作もののお仕事をいただくときや、原作ものの映画を見る目も変わってきました。今、思うのは、「原作のイメージばかりを大事にすればいいってものではないのかな」ということ。作品によってはイ

メージをそのまま実写化するのが正解ということもあれば、実写化ならではの演出や見せ方もあるんですよね。

初めて出演したマンガ原作作品は、ドラマ『あの日見た花の名前を僕達はまだ知らない。』（15年）です。演じた、めんまちゃんは忘れられない役。めんまちゃんは小さなときに死んでしまって、高校生になった幼なじみの前に現れるという設定なのですが、現実離れした役で、しゃべり方はもちろん、動き一つから悩んでしまって。アニメ版も見て撮影に参加したんですけど、アニメのテンションをどうやって表現すればいいのか、という点でも壁にぶつかってしまいました。

なるべくモニターは見ない

そんなとき、西浦正記監督から「テンションは最初に上げられるだけ上げて演じて、それで徐々にテンションを下げていったほうがいい」というアドバイスをいただいたことで、気持ちがすごく楽になりました。まだ演技経験の少ない時期に、『あの花』でテンションをどう調整するかを学べ

たことはラッキーだったと思っています。

映画『となりの怪物くん』で演じた千づるは、控えめでおとなしい性格だったので自然な演技だったんですけど、他のマンガ原作作品はテンションの高い役が多いですね。『〜怪物くん』の撮影直後に主演させていただいたドラマ『賭ケグルイ』で演じたのは、ギャンブルで階級が決められる学校に転校してきた、ギャンブル狂の女の子。自然な演技とは正反対で（笑）。英《はなぶさ》勉《つとむ》監督から「コスプレの一歩手前ギリギリのラインで作っていきましょう」とアドバイスがあったので、思いっきり演じられました。

『センセイ君主』もコメディ色が強い作品で大変でした。特に変顔が（笑）。私が演じた佐丸あゆはは、とにかくテンションが高くて。月川翔監督とは『君の膵臓をたべたい』『となりの怪物くん』に続いて3作目のお仕事なんですけど、撮影前に監督は、私が悩んでいるんじゃないかと心配されていたみたいです。だからこそ、カメラの前に立ったら恥ずかしいなんて気持ちは、最初から全部捨てて、考えつく限りのことをやりました。ただ、撮影中はなるべくチェック用のモニターを見ないようにしたんです、どんな変な顔になっているのかと不安になっちゃうので（笑）。

今は、好きな原作の実写化作品には進んで出演したいと思ってます。それこそ、男の子の役でも、自分が好きなキャラクターは演じてみたい（笑）。もちろん、好きだからこそプレッシャーも大きいし、ファンの1人として喜べる演技ができるかどうか、不安はあるんですけどね。好きだからこそ関わりたいし、どう実写で表現するか、ということに挑戦していきたいと思うんです。

2018
8月

学生生活最後の夏休み 集中して仕事に挑んだ季節

私は高校3年生で、2018年の夏が学生時代最後の夏休みになります。周りの友達は進路で悩んだり、進学のために必死に受験勉強をしていたりという状況なんですけれど、私は大学に進学しないと決めたので、この夏はお仕事に専念します。実は学生でなくなってしまうことに、あまり寂しさや未練がないんですよね。

「東宝シンデレラ」オーディションを受ける前まではすごくアウトドア派で、夏休みはプールに行ったり、虫捕りをしたり、公園で友達と遊んだり…あの頃の写真を今見るとビックリするくらい真っ黒に日焼けしていました（笑）。でも、オーディションに受かってからは、夏休みはお仕事一筋。当時は石川県に住んでいましたし、小学生や中学生の間は夏休みでないと長い撮影に参加できなかったんです。スケジュールが合わなくて、せっかくのお仕事のお話がなくなってしまったこともありました。だから、私にとって夏休みは、女優業に集中できる期間。遊びたいというよりもむしろ、仕事に集中できて、とてもうれしかったんです。集中すべきときは二足のわらじは履くもんじゃないって思っていましたから。

夏休みにしたお仕事でも特に覚えているのが、まず、中学3年生の夏に撮影したドラマ『あの日見た花の名前を僕達はまだ知らない。』。長い期間かかりきりのお仕事は初めてだった上に、初めてヒロインを演じるということで、プレッシャーがありましたね。私が演じためんまちゃんが変わった設定の役だったので、役をつかめなくてかなり追い詰められていて…。埼玉県の秩父で撮影をしたんですけれど、分からないことやできないことが山ほどあったので、「遊んでいる暇があったらホテルに帰って台本を読まないと！」という気持ちでいっぱいでした。

その翌年、高校1年生の夏は、2作品の撮影をしました。まず1つが初主演映画の『君の膵臓をたべたい』です。初主演映画ということでもちろんプレッシャーはあったのですが、滋賀県の学校や主人公たちが旅行する福岡などで撮影があり、初めて行くところばかりで楽しかったですね。もう1つが初主演ドラマ『咲―Saki―』。あのときはものすごく暑かったのですが、撮影現場にクーラーがなかったんですよ。だから、撮影の合間はウィッグを外して、ネット（ウィッグを着けるときに地毛をまとめるための網帽）をつけたままみんな歩き回っていました（笑）。同世代の共演者がたくさんいて、撮影の合間にアイスを食べながらお話ししたりする余裕がちょっとできたかな。『咲―Saki―』も関東だけでなく、長野などにもロケに行ったので、ちょっとした旅行気分がありましたね。

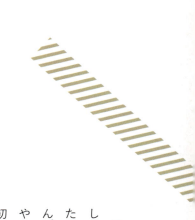

仕事に打ち込める、夏休み

あの夏は、私にとっては「高校生になった」という実感が湧いてきたときでした。高校に進学したおかげで、それまでの夏休みとは段違いに仕事をたくさんできたんですよ。就業時間の年齢的な制限も違いますし、今通っている高校はサポートをしっかりしてもらっているので、夏休みは思い切り仕事に打ち込むことができるんです。そのありがたみを、しみじみと感じていました。

そして17年の夏休みは、『キミスイ』が公開を控えていたので、そのプロモーションで取材を受けたり、全国各地を回っての舞台挨拶やイベントなどがたくさん。これが演技とは別次元の試練で。まだ取材に慣れていなかったということもあるのですが、初主演映画の取材だったので、とても緊張していました。それに、舞台挨拶などのイベントは、ファンの方を前にすると緊張してしまって、頭の中が真っ白に。取材には少しずつ慣れてきましたが、今でも大勢の人の前に出るのは緊張するんですよ（笑）。

18年の夏休みも、8月1日公開の『センセイ君主』のためのプロモーションをしています。そのほかに2つくらい、次に決まっている作品の準備や撮影が始まるので、仕事一色ですね。ただ、学校の友達と遊ぶ時間も作りたいなと思っていま

す。5月に修学旅行に行ったとき、ホテルの部屋で夜にみんなで映画を見て盛り上がったりして、クラスメイトとの仲がすごく深まったんです。スマホを使ってみんなで一本の映画を一緒に見て、いろいろ言い合って。楽しかったなー。これまで、なかなか学校行事には参加できなかったんですけれど、修学旅行は無理してでも行っておいて本当に良かったと思いました。だから友達とは、夏休みの間にみんなの都合がつくところで集まって、また映画鑑賞会をしよう、そうでなくても会って食事をしよう、と計画しているんです。あと、実家にも帰れていないので、夏の間に一度家族に会いに帰ろうかなとも思っています。

あ、宿題もやらないとダメですよね（笑）。毎年そうなんですが、そっちは本当にギリギリにならないとやる気が出ないタイプなんです…。学生最後の夏休みの宿題も、最後の最後までとっておこうと思います（笑）。

T U

2018 Autumn

2018
9月

ハタチまでの時間を大事に。18歳の誕生日を迎えて

2018年8月29日で、18歳になりました。20歳になると未成年時の制約が全部なくなりますが、18歳でも、ひとまずはいろんな制約が解禁されるんですよね。

まず憧れていたのが、映画館のレイトショーです。お仕事が終わった後に映画を見に行きたいと思っても、今までは上映終了時間が23時以降になってしまうレイトショーは、年齢的にダメだったんです。遅い時間のほうが映画館は空いていると聞きますし、「仕事が終わった！」という解放感を持ったまま、好きな映画を見るって、楽しそうだなと。機会があれば真っ先に行ってみたいと思っています。

車の運転免許も取りたいです。先に18歳になった地元・石川県の友達には自動車学校に通っている子も多いんですよ。今は高校の勉強もあるし、撮影もあるので、自動車学校に通えるのは高校を卒業してからかな。車の運転ができるようになったら、大きな物を買いに出かけるときに便利になりそうだなと思います。私は1人の時間が好きなので、1人で好きな音楽をかけながら遠出もしたいです。運転免許があれば、撮影で運転するシーンは、自分で運転席に乗れるようにもなりますよね。でも、実際に運転するとなったら、う〜ん、ちょっと自信ないかな。自動車や運転には興味はあるのですが、道を覚えるのが苦手で…（笑）。

あと、運転免許証は身分証明書にもなりますよね。これまでは学生証か保険証でしたけど、学校名が出ていたりすると、ポイントカードを作るときの身分証明でちょっと躊躇したりして。来年高校を卒業したら学生証はなくなるけれど、免許証だったら、一度取得してしまえば、ずっと身分証明書として使えますもんね（笑）。

18歳になった記念にやってみたいことは、1人旅。お仕事以外で遠出することはないですし、旅をするなら1人でしてみたいという気持ちが強いんです。行くとしたら、まずは北海道。5月に修学旅行で行きましたが、名残惜しいことがあったんです。特に、1人で温泉に入ったり、食べ歩きをしてみたいですね。それこそ、運転免許が取れていたらレンタカーで回ったりして。考えただけでも楽しそう！

ちょっと長めにお休みをいただけるなら、海外への1人旅にもチャレンジしてみたいですね。これまで、写真集やカレンダーの撮影で台湾、ベトナム、韓国に行ったのですが、どこももう一度行ってみたいと思った素敵なところでした。韓国は釜山でのお仕事だったので、次はソウルにも行ってみたいと思っています。韓国は、コスメやファッションがすごくおしゃれでコスパが良いですし、なにより近いから、国内旅行感覚で行けそうなところがいいですよね。

思う存分、仕事ができる！

18歳になって大きく変わるのが、お仕事です。労働基準法で18歳未満は22時以降に働くことができません。これまでは、撮影が22時ギリギリまでかかってしまいそうなときは、ちょっとビクビクしていました。もう、そういう心配をしないで、伸び伸びと仕事ができるんだ！と思うと、本当にうれしいです。

実はこれまで、就労時間の制限があるので、私のシーンを先に撮影させていただくために、先輩俳優のみなさんを待たせてしまったり、周りにご迷惑をかけてしまったりと、長いシーンは2日に分けて撮影することがあって。日が暮れてから調子が出てきて、さぁこれから！っていうときも、これまでは切り上げないといけなかったのですが、これからは制限なしでお仕事ができるようになります。

あと、映画やドラマのオーディションでは、応募資格が18歳以上という場合も多いんです。それに10代の役は多くないので、実年齢以上の役を受けて落ちてしまったオーディションもありました。18歳未満ということで、これまで悔しかった苦い思い出があるんです。18歳になって大人に近づくと、もっと仕事のフィールドが広がるんじゃないかなと思います。

でも、18歳になって気持ちの変化もあるんです。それは、「実年齢で身の丈に合った高校生の役をまっとうしたい」と思ったこと。この連載でもお話ししたことがあるのですが、私は実年齢以上に見られることが多いので、「早く大人になりたい」と思っていました。

でも、映画『センセイ君主』の佐丸あゆは役もそうですが、現役の高校生だからこそ選んでいただけた役もありますし、今だからこそ高校生を等身大で演じることができるんだ、と18歳になって気づきました。20歳を過ぎてもしばらくは学生役を演じることはできるとは思うのですが、いつかできなくなる役柄なら、10代の今のうちにお腹いっぱいになるまでやってみたいです。

私はずっと、18歳、大人、ということに憧れていましたが、10代のうちにしかできないこともあるんですよね。だから、20歳になるまでの2年間は、10代ということを意識しながらお仕事をしたいと思っています。

2018
10月

バラエティ番組への出演や舞台挨拶 言葉で思いを伝える難しさ

2018年の夏は、映画『センセイ君主』の公開やドラマ『賭ケグルイ』のDVDリリースがあり、それに合わせて舞台挨拶やリリースイベント、テレビ番組に出演しました。これらでは、自分の素を出すこと。演技とは真逆ですが、これもとても大事なお仕事です。

特にバラエティ番組は、以前はとても苦手で、どうしたらいいか分からないこともありました。それじゃダメだなと思い、今は自分なりに気をつけていることがあります。1つは、出演させていただく一員として、一緒に番組を楽しく盛り上げること。もう1つは、演技するときとは全く違うルールに気をつけること、です。

まず番組を盛り上げることですが、作品を宣伝するのが大きな目的とはいえ、やはり出演させていただくからには共演者の方々と一緒に楽しみたいし、そのほうが番組全体にとってプラスだと思うからです。ただ、そのバランスは難しくて。例えば、映画『センセイ君主』の宣伝で、朝の情報番組に連続で生出演させていただいたのですが、朝ですからね。爽やかにしないと、というのが第一。それに、『センセイ君主』はコメディ作品で、私が演じた役もとびきり明るいから、役を連想させるような、はつらつとした感じを出すように気をつけました。

幸い『センセイ君主』は、主演の竹内涼真さんと一緒に番組に出演したので、あまり緊張しないでいられました。竹内さんはバラエティ番組に慣れているので、とても心強いんです。竹内さんのリアクションは、面白いし的確。それに対して、私はノリノリでしゃべれるときもあれば、言葉がうまく出てこないときもあったり。調子によってばらつきがあるのが悩みです。自分の思いを自分の言葉にすることは本当に難しい、と毎回感じています。

演技と違うルールに苦戦

なので、準備できることはできる限りやるように心がけています。例えば、バラエティ番組は事前にアンケートに答えることが多いのですが、細かいところまで書き込むようにしています。「今ハマっていることはなんですか?」という質問

だったら、1つだけではなく、なるべくたくさん。それも他で言った話とかぶらないように、番組ごとに変えています。そのためにも、興味を持ったことを忘れないように、日々の生活のなかでもメモを取るように。スマホのメモ機能を使って即保存しています。

『君の膵臓をたべたい』のプロモーションの頃は、まだテレビ出演に慣れていなかったので、出演者の方のフリートークに即座に答えられなかったり、その場しのぎで話してしまって、結局その話を広げることができなくて、自分の首をしめることになってしまったり。メモを取るようになってからは、番組内でその話を掘り下げることもできるようになりました。

もう1つ、演技とは全く違うルールですが、これも過去の失敗から学んだことです。例えば、出演者の方からの質問を受けたとき、カメラに向かってしゃべらないといけないのに、ずっと質問されたほうを見てしまうクセがあるんですよね。特に生放送だと気をつけるべきことが多く、しゃべることに集中するだけじゃダメ。いつも、出演者のみなさんやスタッフの方にご迷惑をかけてしまいます（苦笑）。

収録番組は、なるべく見るようにしています。「ここがダメだった」と反省したり、「このトークが使われた」などと確認したり。先日の『行列のできる法律相談所』は、収録が楽しくて本当にあっという間だったのですが、番組を見たときも私自身楽しめているなと感じました。あ、でも実家の母からは、「あまりしゃべりすぎないで。話すと残念だから」って言われるんです。父に似て、調子に乗るとしゃべりすぎてしまうみたいで（笑）。

舞台挨拶などのイベントのお仕事は、大勢の方の前に立つことが多いですが、実はあまり緊張しないんです。むしろ、ファンの方を前にしゃべる機会が少ないので、舞台挨拶は本当に楽しみで、客席にいらしている方の顔をしっかり見ちゃってます。私と同世代の若い方に来ていただけているのが分かったときはうれしいですし、小さい女の子やご家族みんなでいらっしゃってるのを見ると、ありがたいなって思ったり。そういう実感を得る機会は少ないので、舞台挨拶やイベントはと

ても大事。この仕事をしていて良かったな、と思える瞬間です。ただ、注意すべき点はテレビよりもあるかもしれません。苦手なのは、登壇して最初の挨拶。「○○役の浜辺です」と言った後で一言プラスしないといけないのですが、そこには正解がなくて、いつも直前に緊張してドッと汗をかいていています（笑）。

自分の言葉で自分の思いを表現するというのは、改めて難しいことだな、と思います。フリートークとはいっても、思うまま自由に話していいわけではないですからね。でもその反面、これまでお見せしたことがない顔を見せることができる機会でもあるので、楽しい課題とも思えるようになってきました。

2018
11月

瞬発力が求められる「CM」日々責任感を持って生活したい

2018年はドラマ『崖っぷちホテル!』で初めての社会人役を演じましたが、CMのお仕事でも挑戦の年。とても多くのお仕事をいただいて、驚きの連続です。2月から味の素さん(Cook Do)、4月から北國新聞さん、ロッテさん(ガーナミルクチョコレート)、パーソルキャリアさん(an)、LINE MUSICさん、NTTドコモさんのCMに出演させていただいています。こんな大きなお仕事に関われるなんて本当に幸せですし、ドラマや映画とは違った方々も見てくださっている、という実感もあります。友達や家族もとても喜んでくれていますね。スーパーに買い物に行くとガーナミルクチョコレートやCook Doの商品ポップが置いてあって、「いぇーい」ってうれしくなりますし、そのお店でたくさん買い物したいと思ってしまいます。ただ、ポップがあっても、私がいると気づかれたことはないんですよ(笑)。

初めて出演したCMは、11年のハウス食品さんでした。あのときは、まだ小学5年生だったと思います。演技の経験がまったくない、初めてのお仕事で西田ひかるさんと共演…何が正解なのか分からないまま、撮影が終ってしまったのを覚えています。

今でも、CMのお仕事にはまだ慣れていないですね。長い時間をかけて取り組むドラマや映画の現場では、スタッフや共演者のみなさんと徐々に関係ができ、演じるモードに入りやすいんです。でもCMは短い期間で撮影するので、いかに早く現場の雰囲気になじむかが大切ですし、難しいですね。

実際の演技でもいろいろと違いがあります。まず、CMは基本的に15秒や30秒、長くても数分しかありません。だから、いろいろと省略した演技になります。その省いた部分をどうなじませて演じるか、悩むことがあります。短い時間だからこそ、分かりやすい演技も必要です。キャラクターのように、ポップで大きめの表現をしないと伝わらないんですよね。

ドラマや映画と違う演技が必要

ドラマや映画と決定的に違うのは、様々なパ

ターンを撮ることかもしれません。17年から木村佳乃さんとご一緒させていただいている「ららぽーと」のCMでは、木村さんが元気なお母さん役なのですが、その反対に私は落ち着いた演技がいいのか、それともテンションが高いほうがいいのかなど複数のパターンを撮り、最終的には編集の時点で、どの演技が採用されるかが決まりました。違う企業のCMでは、撮影現場で演技の方向性が変わったこともありました。だからCMの撮影では、ドラマや映画のように台本を読んで役を作り込むのではなく、監督さんに現場で指示をいただいて、それに応えて演じるということが多いですね。

さらに、そんな演技を短い撮影期間でやりきらないといけない。私が苦手に感じている瞬発力がないとできないことなので、毎回毎回が挑戦だと感じています。キャラクター性が強くて、瞬発力

が必要という意味では、映画『センセイ君主』で演じた、あゆはがそうでした。CMのお仕事の経験が、ドラマや映画にも役に立っているんじゃないか、と思います。

新しいことにいろいろチャレンジするきっかけを与えてくれるのも、CMのお仕事の良さです。17年の日清食品さんの「カップヌードル」のCMでは声優に挑戦しましたし、ポプテピピックと共演した「an」ではダンスに挑戦しました。anは、ダンス自体が苦手なのと、何かの役を演じるのではなくて自分自身のキャラクターで踊ることも難しかったですね。自分を出すという意味では、10月からオンエアが始まったJA共済さんの新CMでは、私の子どもの頃の写真がたくさん使われています。テレビで子どもの頃の写真を見ることになるなんて全く予想外ですし、さらけ出した感があります（笑）。

CMは商品の特徴やサービスの内容など情報を伝えるものが多いですが、新しく始まったNTTドコモさんのCMは、具体的な情報を伝えるのではないイメージCM。これも難しいです。撮影現場で求められたのは、出演者同士が仲良く楽しい雰囲気。みなさんが現場で作ってくださった、なごやかな雰囲気のなかで「モンジュウロウ」になりきっています。

CMのお仕事で何よりも重要なのは、やはり「企業の顔」になることだと思うんです。私自身も日々しっかりしないといけないと思いますし、もちろん悪いことはできない（笑）。信頼に関わる、責任の大きなお仕事だと感じています。

私の地元・石川県では、北國新聞さんのCMや石川県警の「警察官採用募集ポスター」など、ローカルのCMや広告に出演させていただいていますが、そうやって地元に貢献することもとてもありがたい機会。私としても誇らしいと思っています。そして、全国ネットでオンエアされるCMに出ることは、ずっと応援してくださっている地元のみなさんに対する恩返しだとも思っています。

2018–2019 Winter

2018
12月

学校の仲間との日々も充実
〝初挑戦〟に出合えた2018年

２０１８年は、本当にいろいろなジャンルのお仕事をさせていただいた年でした。改めて振り返ると、初挑戦の役や作品が多く、そして、それは以前から「やりたい！」と思っていたことばかりだったんですよ。

その１つが社会人の役。学生の役を演じることが多いので、ずっと「早く大人の役をやりたい」と思っていたんです。４月期のドラマ『崖っぷちホテル！』でパティシエ役を演じさせていただき、その夢がかないました。

このドラマでは、初めて学んだことが多かったんです。例えば、キャストみんながそろって意見を交わすシーンでは、複数のカメラで同時に撮影をするので、勝手な動きをしてしまうと、カメラを遮ってしまうことになるんです。映画ではカメラは多くても２～３台。でも、『崖っぷち～』では６台もあったんです。だから、前もって立ち位置や動くタイミングなどの段取りをしてカメラワークを決め、私たちは決められたセリフを完璧なタイミングで言わないと成立しない。それも、ただ型にはめればそれで良いという訳でもなくて、言い争いなのでセリフをキレイに言うのではなく、リアルな感じが出るように工夫もしなければいけなくて。同じテレビドラマでも、『賭ケグルイ』はアドリブで動きを変えてもカメラで追っていただけるなど、自由に演じることができました。制限されたなかでも自由に演技をする方法を、肌身で感じたのは初めてでした。

さらに、映画の撮影現場との違いに気づかされたことも、とてもいい勉強になったと思います。『崖っぷち～』はオンエアされるエピソードをその前の週に撮影するような、ギリギリのスケジュールでした。そのうえ、全員がそろうシーンが多いのに、出演されるみなさんがお忙しい方ばかりなので、全員がそろう撮影日は多くなかったんです。なので、そんな日の撮影は本当にドタバタ（笑）。映画は、１本の作品を数カ月の時間をかけてじっくり撮ることが多いのですが、このドラマは時間との戦いでしたね。

夢の実現に感謝した1年

もう１つの大きな挑戦が、声のお仕事。17年に日清食品「カップヌードル」CMで声優に挑戦させていただいて以降、もっと経験を深めていきたいなと思っていたんです。まず5月から、『報道ステーション』（テレビ朝日系）内の「テラせ！ニッポン」のナレーションをやらせていただきました。これは、2020年の東京オリンピック・パラリンピックで活躍が期待される選手を紹介するコーナー。実は、東京五輪になんらかの形で携わることができれば、とも思っていたので、その夢もかないました。

10月からは、初めてラジオでメインパーソナリティーを務めるレギュラー番組『浜辺美波 真夜中のシンデレラ』（ニッポン放送）が始まりました。初回は、本当に緊張しましたが、今は心から楽しみながら話しています。5分間という短い時間の番組なので、自分の言いたいことを全て出せるわけではないのですが、思っていることを言葉で伝えられるのは、ラジオの素晴らしさですよね。そして、メールなどリスナーの方からのリアクションもすごく早くて。ラジオは語り手とリスナーの距離が近いんだな、ということを実感しています。

私は「こういう仕事をやりたい」と思ったことをマネジャーさんや事務所のみなさんに報告するようにしているんです。言葉にすることで、しっかりとした目標になるし、その夢を実現するためには、もっともっといろいろな経験を積まないといけないという気持ちにもつながると思うんですよね。その夢を実現させてくださったみなさんに本当に感謝しています。

プライベートでは高校3年生になり、学生生活最後の年。高校生活最後の1年を楽しもうと決めていたので、修学旅行などの学校行事にも積極的に参加しました。

授業中、ちょっと寝てしまったことがあったんですが、私の席の前の男子がすごく体が大きくて、寝ていても先生から見えないんです。「助かった〜」って思いました（笑）。別のある日には、私が出席していることに気がつかなくて、最後に「あれ、いたんだ」と言われたこともありました。特別な出来事だけでなく、こんな日々の何気ない時間も、きっと、後で思い出したらいい1年だったって言えるかな、と思う充実した年でした。

でも、高校生活もあと残すところ数カ月です。卒業したら社会人になるので、仕事に専念できるようになります。時間の余裕も今よりは生まれると思うので、今後何かの役に立つかもしれない習い事を始めてみようかな、などと思っています。夏に公開された映画『センセイ君主』でもご一緒した川栄李奈さんが出演された舞台を見に行ったことで、舞台でのお芝居にも興味が出てきました。これまで、なかなか舞台に足を運ぶ機会がなかったんですけど、卒業したらそういう時間も作れますよね。

そのためにも、今は試験勉強に必死です（笑）。高校の卒業がかかってますから！

2019
1月

目前に控える高校卒業
社会人1年目となる2019年の目標

2019年になり、高校の卒業も間近に控え、学生生活もこれで終わりという気持ちが高まってきました。19年は社会人としての人生が始まる年ということで、抱負を考えてみました。

すぐにでも始めないといけない、と思っているのは運動です。これまでずっと嫌い、と言い続けて避けてきたことなのですが、健康で仕事を続けるにはやっぱり必要ですよね……運動。それに、お芝居のなかでアクションがちゃんとできるのはかっこいいですから。すすめられているのはパーソナルトレーナーをつけたワークアウトとキックボクシング。自分1人でジムに通うのと、パーソナルトレーナーについてエクササイズをするのでは全く違う、という話を聞いたので、すごく興味が湧きました。ただ、パーソナルとなると、トレーナーさんとの相性が不安で。もともと誰かに管理される、というのが苦手なタイプなので、まずは軽いところから始めて、自分がどういったトレーニングをしていくのが楽しく続けられるか、を教わるのがいいのかな（笑）。

また、高校を卒業すると時間に余裕ができるので、これまでやってみたかった外国語の勉強や着物の着付けも習ってみたいです。外国語に関しては、海外のお仕事も積極的にされている事務所の先輩・長澤まさみさんなどを見習って、女優として幅広い経験をするには語学は必要だと思っているから。勉強するくせがある学生気分が抜けないうちに始めたら上達するかな、と思ったりしますが、これは長いスパンで一生がかりのテーマにしてもいいですよね。和装に興味を持ったきっかけは、20歳の成人式のために、祖母が振り袖を贈ってくれたこと。和服を自分で着られたらいいなと思うし、普段から着物を着ていれば、洋装とは違う所作も身についてお仕事でも役立つと思うんです。それに、私の事務所は着物が似合う先輩のみなさんが多いんですよね。毎年、事務所が作るカレンダーがあるんですが、そのなかでいつか着物姿で登場できたらうれしいですね（笑）。

やりたいことが実現しそうな19年

お仕事に関する19年の抱負は、高校卒業を機に社会人になる年だから、俳優として一本立ちする決意を持って演技に挑むことです。

18年は、もともと原作が好きだった『センセイ君主』や、オリジナル脚本のドラマ『崖っぷちホテル!』、ラジオ番組といった声のお仕事など、やりたいと思っていたお仕事に挑戦させていただいた年でした。19年も自ら挑戦してみたい、と思っていた作品に関わることができるので、心からワクワクしています。

まずドラマと映画の『賭ケグルイ』シーズン2。公開前にテレビドラマ版が放映され、映画は連続公開となります。実は同じ役を演じるのはこれが初めてといってもいい経験です。16年にドラマ、17年に映画化された『咲-Saki-』の、特別ドラマ『〜阿知賀編 episode of side-A』(18年)で同じ役を演じましたけど、特別ドラマはちょっとだけの出演。今回の『賭ケグルイ』のように、前作から撮影期間が空いて、再びしっかりと同じ役に向き合うのは初めてです。事前に台本の読み合わせをしたときには、「夢子に戻れるかな」と不安になる一方で、前作と同じテンションではつまらないなという野心も芽生えました。前作では、原作のキャラクターを再現して、その役で居続けることが最大のテーマだったんですが、今回は、夢子でいるだけではなくて、役を生かしながら自分の経験でアレンジを加えて。そういうことができたのは、18年にお仕事を頑張った成果なのかな、と思っています。

夏は大作映画『アルキメデスの大戦』が公開になります。時代劇の経験はあるのですが、『アルキメデス〜』のような第二次世界大戦という昭和初期が舞台の作品は初めて。西洋文化が入った近代日本が舞台とはいえ、所作や言葉遣いは現代劇とはまったく違っているんですよね。例えば、「父上」と呼ぶセリフが多かったんですけれど、どうしても「お父様」と言ってしまったり(笑)。

12月に公開される映画『屍人荘の殺人』は出演が決まる前から原作の小説を読んでいた大好きな作品です。ミステリーはずっとやってみたいと

思っていた上に、憧れの探偵役。女性の探偵役って、少ないじゃないですか。そんな機会をいただいたと分かったときは、すごくうれしかったですね。私が演じる剣崎比留子は聡明な謎解きをする役で、セリフの量がものすごく多いのが特徴。これから撮影に入るのですが、台本で何ページにもわたる長ゼリフがあるので、今から気を引き締めていかないと、と思ってます。

近い将来までの抱負になりますが、制服を着られる役を演じたいという気持ちも湧いてきました。高校卒業が間近に迫ってきたことがきっかけですが、高校卒業とともに制服ともお別れになってしまいますよね。これまで「早く卒業したい。もっと大人の役を演じたい」と思ってきたんですけど、最近いろんな現場で「制服の役は、着られるうちに挑戦したほうが良いよ」と言われることが多くて、確かにそうだな、と思い始めているんです。近いところで制服を着た役は『センセイ君主』と『賭ケグルイ』がありますが、どちらもマンガ原作の学園モノ、ですがコメディ色が濃い作品だったので、10代のうちに純粋な青春映画にも挑戦してみたい、という気持ちも生まれています。

2019
2月

切磋琢磨していきたい
大切な同世代の俳優仲間

これまで出演させていただいた作品は学校を舞台にしているものがほとんどで、同じ10代や20代前半くらいの先輩方と共演する機会が多かったんです。同世代の役者さんは仲間でもあり、ライバルでもあり…いろいろな影響を受けていると思います。

まず思い出すのは、2016年のドラマ『咲―Saki―』ですね。この作品までの私は、共演者の方とコミュニケーションを取るのがとにかく苦手で（笑）。年齢が近くても、基本的に年上の俳優さんばかりだったので全員に敬語、それも役名でお話をしていたし、なにか相談したいと思ってもどうやって聞いたらいいかも分からなかったんです。でも『咲～』は、地方にみんなで泊まって撮影する、合宿のような環境だったことや、共演者が年齢の近い女の子ばかりということもあって、初めてちゃんとコミュニケーションを取れた現場になったと思います。役名じゃなく名前を、しかも「ちゃん付け」で呼んでお話ができたのがうれしかったですね。

仲良くなる一方で、みんなの演技や表現方法などを自分と比較することができたのも初めての経験でした。『咲～』にはアイドル活動をしている人も多かったのですが、彼女たちは演技が上手なのはもちろん、それぞれに特技があったり、その人なりの感性がすごく豊か。そして、とにかく自分の見せ方がうまいんです。そんな個性的なみなさんのなかで、主演をやらせていただくことになったので、正直、焦りました（笑）。自分なりにもっと勉強しないと、と思いましたね。特に、独特の個性を持っていて影響を受けたのは、1つ年上のぁぃぁぃ（元・私立恵比寿中学の廣田あいか）。キャラも強いし、感性も人とは違って。ぁぃぁぃがどういった環境で育ってきたのかなど、本当にいろいろな話をしました。そんな話をするくらいに、『咲～』の現場ではみんなと話をできたという思い出があります。

頼れるお姉さん的存在は？

私は今でも、いっぱいいっぱいになると、自分から話しかけられなくなるのが欠点なんです。『君の膵臓をたべたい』（17年）は主演のプレッシャーもあって、共演者の方と話をしたい気持ちはあるけれど、自分の殻に閉じこもりがちでした。そんなとき、1歳年上の花恋ちゃん（大友花恋）がいろいろとコミュニケーションを取りにきてくれたのが、とてもうれしかったんです。ホテルに泊まっての撮影が多かったんですけど、「部屋に話に来ない」と誘ってもらったり。「自分は年下だから」とか「自分から声をかけると厚かましいかな」とか思ってしまっていたのですが、話しかけてもらえるとやっぱりうれしいですよね。だから、今は「積極的にいかないと」と作品に向かうようにしています。ドラマ『賭ケグルイ』では、年上の方が多いなかでも、みなさんのことを下の名前やあだ名で呼んでみたり、お互いに相談もよくしていたので、ちょっと自分からもコミュニケーションを取れるようになったのかなと思います。

最近は同学年との共演も増えてきました。18年からロッテ・ガーナのCMでご一緒している、山田杏奈ちゃんや久間《くま》田《だ》琳《りん》加《か》ちゃんは3人とも同学年。『崖っぷちホテル!』（18年）で共演した山口まゆちゃんも同い年で、彼女とは、会えないときもLINEとかで「テスト勉強嫌だ～」とかプライベートの愚痴を言い合ったりして（笑）。同い年だからこそできる相談ごとや意識し合うことって、仕事上で心のバランスを取るのに必要だと感じます。同い年の俳優さんとは、お互いに良い刺激をし合う仲間になりたいと思う気持ちが強くなっています。これから何度もお仕事をご一緒する機会が出てくるでしょうし、みんなで切磋琢磨していきたいですもん。

川栄李奈さんと岡本夏美さんは共演が多く、お姉さん的存在。川栄さんは、17年の『亜人』、18年のドラマ『崖っぷちホテル!』に映画『センセイ君主』と何度もご一緒する機会があって、仲良くさせていただいています。『亜人』は男性のキャストばかりで緊張していた初対面のときから話を聞いてくださって、今ではお芝居はもちろん、日頃の運動や食事の話まで相談に乗ってもらっています。

岡本さんは、『咲～』『賭ケグルイ』でご一緒させていただいているんですが、19年の春に控えている新作ドラマシリーズと映画版の撮影で、以前よりもグッと距離が縮まりました。前作までは「お仕事の先輩」という意識が強かったのですが、今

回は「お姉さん」という感じで頼らせてもらいました。距離が近くなると、よりいろいろなことが聞けるようになるし、実際の演技もそれまでとは違う感覚で向かえるんです。

川栄さんも岡本さんも経験豊富なので、同い年くらいの俳優さんたちとお話しするのとは違って、問題の解決策まで示してくれるんですよね。同い年や年の近い人同士で共感し合ったり、愚痴を言い合ったりするのも大事なんですけど、私も川栄さんや岡本さんのように、頼れるお姉さんにゆくゆくはなりたいな、と思っています。

2019 Spring

2019
3月

『賭ケグルイ』で知った同じ役を演じる楽しさと難しさ

2018年に主演させていただいたドラマ『賭ケグルイ』の続編が制作されることになりました！ 3月からドラマ放送、5月には劇場版が公開されます。私にとって、出演作の続編が本格的に制作されるのは初めてです。続編ができると聞いたときは、またみなさんと一緒にお仕事ができる、とうれしかったのですが、撮影の日が近づくにつれて、「役に戻れるのかな」という不安も出てきて…。

『賭ケグルイ』は、様々なギャンブルの実力によって校内での階級が決まる学園を舞台に、私が演じる蛇喰夢子《じゃばみゆめこ》が持ち前の才能でのし上がっていくお話です。夢子はギャンブル狂で、とにかくはじけたキャラクター（笑）。特にギャンブルのシーンでは、〝賭け狂う〟演技をしなければいけないんです。ギャンブルのルールやネタばらしといった説明のセリフや、必ず入れなければいけない動きが多いなかで、テンションを上げまくった賭け狂う演技もしないといけない。英勉《はなぶさつとむ》監督からは、演技自体は任せていただいたのですが、その分、責任も重大。Season1のときは、テンションの上げ方にもっともっとバリエーションが欲しいな、などと〝賭け狂う〟シーンではすごく迷いました。

Season2のストーリーは、前作の続きから始まります。撮影期間は1年弱空いたんですけど、当時の演技に戻らないといけない。でも前作からの間に、いろいろな作品に出演させていただいた経験を全部出して臨みたい。撮影に入る前、まずSeason2から参加される新キャストの方たちと本読みをしたのですが、話し方や声の出し方などで、思うように夢子に戻れなかったんです。監督からも、「続編だから、やっぱりパワーアップした演技が必要だよね」と笑顔で圧をかけられて（笑）。ただ、はっきり言ってくださったのはうれしかったですね。前作と一緒ではなく、良い

ものを見ていただきたいですから。

　カンが戻ってきたと実感したのは、前作から続投の、鈴井役の高杉（真宙）さんと芽亜里役の森川（葵）さんと一緒にセリフの読み合わせをしたときですね。私は、なかなか共演者のみなさんと積極的にコミュニケーションを取れない性格なのですが、前作の『賭ケグルイ』の現場では、とても仲良くさせていただいたと思えたんです。前作から撮影の期間は空きましたけど、その間に勝手に親近感を持っていて、久しぶりに会ってもフランクに話せるようになっていました。例えば高杉さんは、私が出演した映画『君の膵臓をたべたい』（17年）のアニメーション版（18年）に主演されていたのですが、「その完成披露で泣いてたけど、どうしたの?」とイジってみたり（笑）。森川さんとも、「映画を一緒に見に行こうよ」とか言ってもらえる仲になって。

作品を楽しくする〝仲間感〟

　同じ役柄を、同じ共演者のみなさんと何度も演じる良さは、〝仲間感〟ですね。固定のメンバーで取り組んでいると、無理に話をしなくても理解できる。それにこの作品は、みんな本番でアドリブを入れてくることが多いのですが、仲がいい人が相手だとやりやすいし、自分もアドリブに挑戦しやすいとも思いました。『賭ケグルイ』のキャラクターはどの役も濃いんですけれど（笑）、みんなそれぞれの役をつかんでいるので、それを飛び越えて、もっと面白いことをしてくるんです。それが本当に楽しいなと感じました。

　その一方で、関係が出来上がったなかに入られる新キャストのみなさんは〝転校生〟のような感じだと思います。独特の笑わせ合いも、プレッシャーに感じるかもしれない。まだまだ、私は座長と言えるような存在ではないのですが、「いらっしゃい!」という雰囲気を出すことができたら、とも考えましたね。Season1と比べると、少しはみなさんに気を配ることができたのかなと思います。

　同じスタッフの方々とご一緒できるのも続編の良さです。カメラマンさんは、賭け狂うシーンで私が好き勝手に動いちゃうところを「夢子は動く

よね〜」と言いながらも、ついてきてくださって。台本もちょっと変わっていたんです。前作は、私のセリフの後にちょっとした動きの指示が入っていたのですが、続編の台本にはそれがなくなっていて。任せてもらえているなと思いました（笑）。

前作の評判が良くなかったとしたら続編はないでしょうし、それに続編の企画が上がっても、都合が合わない方がいる可能性もあります。でも、今回は前作のキャストのみなさんがほぼ続投で、スタッフのみなさんも一緒。なかなかないですよね。今回の現場は、率直に話し合えるみなさんと一緒に同じ山を登っているような感じでした。共演者のみなさんがステップアップしているから、私も置いていかれないようにしないと、と思いました。そして、気心の知れたスタッフのみなさんに、少しは成長したと評価していただけたかなと思うと、とてもうれしかったです。

2019
4月

ついに高校を卒業。
社会人としての道を進む決意

2019年2月に、高校を卒業しました。私は大学には進学せず、俳優業一本で頑張っていきます。Twitterで卒業の報告をしたら、映画『君の膵臓をたべたい』の月川翔監督など、たくさんの方から「おめでとう」のメッセージをいただいて。「あぁ、無事に卒業できたんだ」という気持ちが一層強まりましたし、「高校を卒業するって、大きな節目なんだな」と改めて気づきました。

高校を卒業したという実感は、身近なところからも出ています。例えば、映画館。これまでは学生料金の1000円だったので気軽に映画を見に行けたのですが、いきなり1800円です（笑）。映画の日やレディースデイのありがたさを感じました。あと、地元の石川県に帰る際の新幹線代も学割が使えなくなったんです。大人はお金がかかりますね（笑）。

卒業式で卒業証書を受け取った瞬間、気持ちが少し軽くなった気がしました。というのも、ありがたいことなのですが、お仕事をいただくようになり、学校との両立が徐々に大変になって。私、勉強自体はすごく好きで、試験も楽しかったんです。普段、お仕事などでは頑張った結果が点数として分かりやすく返ってくることはないじゃないですか。お仕事でも良いことや悪いことも含めていろんな意見をいただきますが、私1人でやっていることではなく、関わるたくさんの人たちの積み重ね。でも、テストは私に対する評価。だから、1人でコツコツ頑張ろうという気持ちで臨めるんです。

試験は好きなのですが、なぜか定期試験の時期とお仕事の撮影が重なることが多かったんです（笑）。テストを受けた後に、すぐに撮影ということもありました。それに、出席日数もギリギリになりそうな時期もあって、「もし卒業が難しいなら、中退して仕事に専念するという選択肢もあるのかな」と少し考えたこともありました。

母との約束が私の支えに

それでも卒業をしようと頑張れたのは、母との約束があったからです。普段、私に対しては「やりたいことをやればいい」と言ってくれる母なのですが、1つだけお願いされていたのが「良い成

績を収めてなくてもいいけど、とにかく高校だけは卒業して」ということ。母からの初めてのお願いでした。大学は行きたいと思ったタイミングで挑戦することもできますが、今後何かあったときのために高校卒業の資格は持っておいたほうが安心と言っていました。大変だった時期でも、卒業しようと思い直すことができたのは、母の言葉があったから。母には本当に感謝しています。

学校が大変だという話をしていたので、家族みんなが卒業をとても喜んでくれました。卒業式には、母、父、そして弟も休みをとって一緒に来てくれたんです。式典での席は離れていたので、式中に家族がどうしていたかを見ることはできなかったのですが、涙もろい母は多分泣いていたと思います。

ちなみに、卒業式の前日は夜遅くまで、映画『屍人荘の殺人』(19年)の撮影をしていました。スタッフのみなさんが、「明日は浜辺さんの卒業式だから早く終わらせよう!」と頑張ってくださり、撮影終了後には「行ってらっしゃい」と送り出してくれました。卒業式当日は、撮影はお休みで家族と過ごさせていただき、翌日現場に向かうと「卒業おめでとう!」と出迎えていただいて。『屍人荘の殺人』は、私にとって忘れられない作品になると思います。

社会人になると、すべての時間をお仕事に充てられるのがとてもうれしいです。学生時代は、例えば学校の行事やテストがあるからオーディションに参加できないということがありました。学校はもちろん大事なのですが、学校のためにチャンスを逃してしまったかもしれないと思うととても残念で、早く高校を卒業したいという気持ちが強まっていたんです。平日に長時間の撮影を行う朝ドラ(ＮＨＫ朝の連続テレビ小説)や、海外での長期ロケ作品もこれまでは関わることが難しかったのですが、これからは違います。朝ドラは目標の1つなので、機会があればぜひ挑戦したいです。

今後、演じる役の年齢の幅が広がることも楽しみです。これまでは、ほぼ学生役。恋愛、親や友達との関係、理由はないけれどイライラして冷たく当たる…ありとあらゆる思春期の女の子を小学5年生くらいから演じてきました(笑)。もちろん、

現役の学生であることは強みでもありました。例えば『センセイ君主』（18年）で演じた、あゆはは今を必死に生きている感じが〝ザ・高校生〟というか、高校生らしい女の子。その勢いを出せたのは、私自身が現役の高校生だったからだと思います。

でもこれからは、まだ高校生の役もできると思いますし、会社の同僚との関係に悩むような役にも出合えるはず。私は髪型などを変えるだけで、年齢よりも上に見られることが多いんです。今後、年齢が上の役も下の役も演じられるのかなと思うと、ワクワクします。

2019
5月

違う演技が生まれるロケ撮影
課題はリラックスの時間の作り方

２０１９年３月末から４月末にかけて、20年公開予定の映画『思い、思われ、ふり、ふられ』の撮影を兵庫県で行いました。これまでも、泊まりがけのロケ撮影は何度もありましたが、今回ほど長い期間自宅を離れたのは、ドラマ『あの日見た花の名前を僕達はまだ知らない。』（15年）の秩父合宿以来かもしれません。あの頃はまだ周りの人とのコミュニケーションが得意ではなかったので、スタッフや共演者のみなさんと一緒に時間を過ごしたことが、緊張感をほぐすことにもつながったかな、と思っています。

考えてみると、私はスタジオよりもロケ撮影のほうが好きですね。もちろん、スタジオに組まれたセットでは、その美術に役作りの面で助けられますし、スタジオで集中して撮影するからこそ、生まれる演技もたくさんあります。でも、スタジオでは絶対に味わえない、ロケ撮影ならではの感覚があると思うんです。例えば、風がスッと吹いてきたりするだけで、演じているときの気持ちは全然違っていて。やはり、舞台となる本物の場所で撮影したほうが役に入り込みやすいのかなと思います。

11年の『アリと恋文』（オムニバスＤＶＤ『空色物語』に収録）という作品が、最初のロケ撮影だったのですが、あの頃からロケのほうが好きだという気持ちがありました。『アリと恋文』もそうですが、私は学校が舞台の作品にたくさん出演させていただき、その多くを地方の学校で撮影しました。例えば、『君の膵臓をたべたい』（17年）の学校内のロケでは、控室も空いている教室。そこで撮影前の準備をするので、特別な意識をしなくてもスッと学生の役に入っていけました。ちなみに、『キミスイ』では博多での撮影もあったのですが、ラーメンの匂いを感じて、博多に来ているという実感が湧きましたね（笑）。『センセイ君主』（18年）は、実際に生徒さんが使っていらっしゃる学校で撮影を行ったんです。一日だけではなく何日も学校に通っていると、実際にその学校の学生になったような気持ちになりました。

ロケでは、エキストラのみなさんが作ってくれる現場の雰囲気に助けられることも多いです。『思い、思われ、ふり、ふられ』でも、たくさんのエキストラの学生さんが撮影に参加してくれたのですが、関西のみなさんは適応能力が高い！（笑）

例えば、文化祭でパンケーキを食べているシーンだったら、本当にガツガツ食べてくれるし、むしろ食べすぎちゃっているくらい。それを見て、私も「すごいたくさん食べてる!」と声をかけたりして。みなさんが作り出す雰囲気がとても明るくて、現場を盛り上げてくれました。

難しい気持ちの切り替え

長期間のロケには、〝ならでは〟の難しさもあります。それは、オン/オフの切り替え。ロケでは、基本的にホテル暮らしになります。東京での撮影だったら、自宅に帰って自分の時間を過ごすことでリラックスできますが、ホテルだとやはりどこか自分の空間ではないから、仕事の気持ちを引きずったままでなかなかリセットすることができないんです。

今回分かったのは、まず、1週間くらいの泊まり込みだったら全然OKなのですが、それを超えると自宅に帰りたくなってしまうこと。そして、自宅に帰ってから料理をしたり、洗濯をしたりと、家事の時間が私にとって大事な時間になっているということでした。実は今回、IHヒーターを持ち込もうかとも思ったくらい、お料理したい気持ちが強くて。ホテルの部屋でそれはできないので諦めましたが（笑）。『あの日見た花の～』のときは、コンビニのお弁当ばかりを食べていたんです。今回は、偏食にならないようにと、なるべくスーパーに通ってお総菜を買うようにしました。スーパーには焼き魚やお刺身もあるので、良かったです。キッチンの付いたウィークリーマンションのようなところを選べるのであれば、それも1つの選択肢になるかもしれません。

『思い、思われ、ふり、ふられ』では、撮影後の時間の過ごし方にも気をつけました。東京での撮影の場合、終了後にラジオや雑誌の取材など別のお仕事をすることもあるのですが、地方だと撮影が終わると、その後は自由時間。でも、何をしていいか分からなくなってしまうんです（笑）。共演者の方とご飯を食べに出ることもありますが、1人のときにはいろいろと街を散策しました。何度も行ったのは神戸三宮センター街。ホテルの近くでお気に入りのマッサージ店を見つけて何度も通いました。週に2回くらいは新しい場所に行ってみるのもいいかなと思うのですが、私、良い場所を見つけると同じところに行くタイプなんです。お気に入りの場所に通うことで、ロケ先でも〝日常〟を作ることができるのかも、と思いました。

2月に高校を卒業したので、今後は、海外ロケなどにも挑戦できるかもしれません。今後、こうした長期ロケの仕事が増えていくことになると思うので、いかにロケ先でリラックスできる環境を作るかは課題ですね。

2019
Summer

2019
6月

“仕事一本”になって気がついた プライベートの時間の大切さ

高校を卒業し、大学には進学せず、女優業1本で進んでいくことを決めました。卒業後すぐの3月から4月にかけては、神戸で映画『思い、思われ、ふり、ふられ』（2020年公開予定）の撮影にかかりきりだったこともあり、まだ実感がなかったのですが、その撮影が終わり、東京に戻ってきてからは、少しずつ「お仕事一本になったんだ」という気持ちがじわじわと湧いてきています。

まず、『ふりふら』の現場で感じたのは、“学生っぽさ”について。同い年の福本莉子ちゃんと共演したのですが、彼女は大学に通いながら仕事を続けています。一緒に話していると大学の話がよく出たりと、やっぱり学生ならではのテンションがあると思うんです。そういう姿を見ていると、私は学生っぽさを徐々に忘れていくのかなと思ったり。ただ、それも受け入れていかないと。学校というよりどころがない分、俳優のお仕事を今頑張らないでいつ頑張るんだ、という責任感みたいなものも芽生えています。

学生時代と大きく違うなと感じるのが、時間の余裕です。18歳未満は夜10時までしか働けない制限がありますが、早くに仕事が終わって帰宅しても、家で勉強をしたり、台本を読み込む時間も必要でした。それに、一人暮らしをしているので、家事もしないといけない。仕事がない日もオフではなく、遅れた分を取り戻すために勉強をしていました。学生時代はとにかく、やることが山積みだったんです。

だけど、学校がなくなって余裕ができたぶん、最近は少し時間をもてあましています（笑）。仕事のスタートが遅い日や早く終わった日はかなりゆったり。勉強することは好きなので、何か新しいことを学びたいなぁと思いつつ、今のところはテレビをよく見ています(笑)。特に見ているのは、録り溜めたドラマ。天海祐希さん主演の『緊急取調室』にハマっています。これまでは録画してもなかなか見る時間がなかったのですが、今では録画分をほぼ見尽くしてしまいました。

ドラマは他の役者さんのお芝居を見る機会でもあるので、仕事目線で見ている部分もあるかもしれません。そういう意味では、仕事とはまったく離れた時間も作っていかないと、とも思います。

思い返すと、やはり学校では学生らしくキャピキャピする時間があったんです。例えば、お昼にみんなで話しながらご飯を食べていたような、何気ない時間も大事だったんですよね。お仕事中のランチだと、次のシーンの台本を読み返したり、撮影まであと何分だから衣装の着替えや準備、お芝居のことを考えたりとか。それに現場にいると、私だけじゃなく、そこにいる俳優さん、スタッフのみなさんと全員が忙しくしているので、誰かとおしゃべりしながらランチをするなんてことはほとんどできないですからね。

社会人になってからは、仕事以外の時間を自分から積極的に作らないと。1人でカラオケに行くのもいいかな。趣味もあったほうがいいですよね。フルート、もう一度やってみようかな…楽器は高いんですけど（笑）。

気づいた先生の存在の大きさ

仕事以外の場所で、誰かに会ったり、話をじっくりとする時間の大切さも感じています。高校を卒業して気がついたのが、担任の先生がとても大切な存在だったということです。先生はいろいろな相談に乗ってくださり、また私の体調が悪そうに見えるときは声をかけてくれたりと、とても親身になって考えてくださる方でした。先生は体育の担当教諭だったこともあり、特に体調の管理に関してのアドバイスや気配りには感謝しています。当時、仕事との両立で体調面には不安が多かったのですが、先生に話を聞いてもらうことでとても安心していたんだな、と思います。

マネジャーさんや撮影現場のスタッフのみなさんも大事な存在なのですが、どうしても仕事のお話が中心。でも先生とは、仕事以外のいろいろなお話をしていました。先生は、私にとって、仕事以外のよりどころになってくれていたんだと感じています。

今、私がいろいろ相談に乗ってもらっている人は有村架純さんなんです。実は、まだお仕事をご一緒したことはないのですが、メールなどでいろんな相談をさせていただいています。一番多い内容は、やっぱり体調管理。私が「こういうことで悩んでいるんです」などと相談すると、すぐに解決策を一緒に考えてくださるんです。それが、どれも目からウロコ。すぐに解決に結びつくようなアドバイスばかりなんです。

有村さんは、朝ドラで主演を務めた経験から、体調管理の大切さをご存知なんだと思います。主演俳優が現場を止めるわけにはいきませんから。1年がかりでお茶の間の顔を務めるという責任は、こうした細かな気配りとメンテナンスがあるからこそ成り立つんだ、ということを感じました。そういう経験をされた先輩に悩みを聞いていただけるのは、本当に心強いなと思います。

2019
7月

現場での居方から体調管理まで
先輩俳優との共演から学ぶこと

7月26日に公開の映画『アルキメデスの大戦』に出演させていただきました。この作品は、第二次世界大戦前夜を舞台に、戦艦大和建造計画に関わった人々と軍との関係を描く人間ドラマです。ほとんどの登場人物が男性の作品で、私が演じた尾崎鏡子は紅一点。主演の菅田将暉さんが演じる櫂直《かいただし》に思いを寄せる造船会社のお嬢様という設定で、登場人物のなかでは唯一、観客のみなさんと同じ目線で、戦争に向かっていく世界を見つめる役どころです。

山崎貴監督の現場は初めてで、驚いたのはCGを使ったVFXシーンの撮影。監督の作品はCGのパートが話題になりますが、それも納得です。今まで経験したことがないような撮影なんですよ。私の出演シーンのいくつかはロケ撮影だったのですが、外でも後からCGを多数合成することが決まっていて、例えば、絵コンテを見ながら「あそこに大きな船があるから、それを見ているように演技をして」と指示されたり。CGを合成するシーンの撮影は、これまではスタジオでグリーンスクリーンをバックに実写パートを撮影して、後でCGを合成することが多かったのですが、それを外でやるなんて驚きましたし、そのためにいろいろな角度から同じカットを撮影したり。初めての経験で、本当に勉強になりました。

『アルキメデス〜』は出ずっぱりの役ではなかったので、撮影は週1回程度で計10日間でした。毎日撮影を行っているみなさんの間には、その現場ならではの空気ができているので、その中に入っていくのもプレッシャーでした。そんなときに助けになったのは、まず、壮大なセットでした。

とても大がかりなオープンセットが組まれていて、しかも大勢のエキストラさんが参加する作品だったのですが、出演するみなさんが昭和初期の衣装を着て歩いている。不安な気持ちで現場に向かっても、一歩セットの中に入ると気分が切り替わるんです。

もう1つ、大きな支えになったのが、先輩俳優のみなさんの存在。私の出演シーンで多くご一緒させていただいたのは、（笑福亭）鶴瓶さんと菅田（将暉）さん、それと柄本（佑）さんだったのですが、3人のおかげで緊張せずに演技に集中できました。菅田さんは『となりの怪物くん』（18年）以来の共演なのですが、あのときは私が人見知りを発揮してしまい、あまりお話しできなかったんですよね。今回は柄本さんと一緒に3人でよくお話をしました。私が緊張でガチガチになっていると、お2人が撮影とは関係のないゲームの話などをしてくれて。

先輩に学んだ現場の空気作り

驚いたのが、菅田さんと柄本さんのオン／オフの切り替えと撮影時の集中力です。例えば、私と菅田さんが共演したシーンでは、菅田さんが演じる櫂が感情的になり、涙を流すことが多かったのですが、菅田さんは何度でも泣くことができるんですよ。そして、そんな撮影のあとの休憩時間には、仮眠をとって体調を整えてらっしゃったんです。菅田さんは、自分の体についてよく理解されていて、少しの変化も見過ごさずに自己管理をされているんだなと感心してしまいました。経験値が上がっていくと、自分に向き合える余裕もできるし、あらゆることに対応できるようになるんだと思います。

鶴瓶さんにも、緊張をほぐしていただきました。撮影の合間、鶴瓶さんはエキストラさんや見学にいらっしゃった一般のみなさんに声をかけたり世間話をされたり。全く壁がなくて、まさに普段から『鶴瓶の家族に乾杯』のような感じで。もちろん私に対しても、いつもそういう感じで接してくださるので、「ずっと知り合いだったかな」と思ってしまうほど（笑）。包み込んでくれるような温かさを感じました。鶴瓶さんは、共演者やスタッフと話すときと、一般の方に話しかけるときの口調が同じなんですけど、それも大事なことなんだと思います。だからこそ周りにいる人たちもオープンになるんです。実際、鶴瓶さんと一緒の現場は鶴瓶さんのムード作りのおかげでみんなが明るく仕事に打ち込んでいる感じがしました。

そんな先輩方のムード作りを見ていて思い出したのは、『崖っぷちホテル！』（18年）の戸田恵梨香さんでした。戸田さんは、自分の出演シーンの直前まで大きな声で笑ったり、見ているこちらまで笑ってしまうほどリラックスされているんです。そして戸田さんは、撮影現場のスタッフさんの名前を覚えていて、みんな名前で呼ぶんです。

〝ゼロ距離〟というか、壁がない。『崖っぷちホテル!』は撮影スケジュールがタイトだったのですが、戸田さんのおかげで、現場の雰囲気が明るく和やかに進んだんですよね。

菅田さん、柄本さん、鶴瓶さんそして戸田さんは、一緒に仕事をした人がみんな口をそろえて「またご一緒したい」という憧れの俳優さんですが、その理由が分かった気がします。続編も制作されて、共演者もスタッフのみなさんも仲間になった

『賭ケグルイ』は別として、私はまだまだ自分のことで精一杯。撮影現場の空気を変えることができるほどの振る舞いは難しいです。

でも、「その服、素敵ですね」などと話すだけでも雰囲気は変わるんですよね。私なんかが話しかけて良いのかなと、躊躇《ちゅうちょ》してしまうことも多いのですが、〝鈍感力〟を身につけてスタッフのみなさんとも積極的に接していけるようになりたいです。

2019
8月

私を日々支えてくれる、スタッフのみなさんの存在

私は、共演者のみなさん以外にもたくさんの方々と日々お仕事をさせていただいています。長い時間をご一緒する、そんなスタッフのみなさんは、とても大きな存在です。

雑誌やイベント出演などでお世話になっているスタイリストさんやヘアメイクさんは、長い間ほぼ固定のメンバーです。身の回りのことをケアしてくれることもあり、おなじみの方だと気が楽なんですよね。控え室では、いつもみんなでワーっと話が盛り上がるんですよ。そのお仕事で着る洋服のスタイリングを見て、「今日の洋服、かわいいね」という話から「いつかこういう服でデートに行けたらいいなぁ」とか話がふくらんだり。また、髪の長さの相談やスキンケアの相談などはヘアメイクさんに聞きやすいですし。いつもあまりにも盛り上がってしまうので、楽屋の外に聞こえていたらどうしよう、と思うことがあるほどです(笑)。学校を卒業してから、こういう女子トークをする機会はかなり減ってしまったので、楽屋での時間はいい息抜きになっています。

一方、映画やドラマなどの撮影現場では、作品ごとに違うヘアメイクさんやスタイリストさんがいらっしゃいます。私は人見知りなので、以前は初対面の方と撮影以外の長い時間を過ごすことが不安だったんです。でも今では、そんなことはないですね。ヘアメイクさんってどの方も気さくで、どんどん話しかけてくれるんです。ヘアメイクさんは、様々な俳優さんのケアもしているので、私と他の俳優さん、そしてスタッフのみなさんとの間をつないでいただく存在になることもあるんです。なかなか自分からみなさんにアプローチできなかった私にとっては大事な存在です。

撮影のなかで、いつもとても助けていただいているのは録音部や記録さん。いつも私のセリフ読みを一番近くで聞いている方なので、発音の良くない部分などがあると、そっとアドバイスをいただくんです。例えば、数字のセリフが続いているときに、どこを強調すればよく聞こえるか、とか。それに「次でやってくれたら大丈夫だからね」とコソッと耳打ちしてくださったり。いつもそういったことで助けていただいているので、スタッフさんとのコミュニケーションはとても大事、と実感しています。

今では、自分からスタッフのみなさんと積極的に交流しなければと考えています。以前は現場に入ったら自分のことでいっぱいいっぱいになってしまい、そんな余裕がなかったんですよね。ドラマ『賭ケグルイ』（18年）の頃から、周りの皆さんに目を向けられる余裕が生まれてきたような気がします。だからこそ、スタッフさんのお顔と名前は早く覚えないと、と思うんですが、これは難しいですね～。

『ピュア！ ～一日アイドル署長の事件簿～』というドラマ作品でご一緒させていただいた東出昌大さんはすごかったですよ。なんと、撮影の初日からスタッフ全員の名前を覚えてらしたんです。それを見ていて、すごいと思うより先に「いったいどうやって覚えたの??」と驚いてしまいました。東出さんのように、すぐにスタッフさんとなじむことができたら、現場の士気も上がりますからね。東出さんに、覚えるコツを伺っておけばよかったです（笑）。

一番近くで私を支えてくれている存在と言えば、やはり所属している事務所、東宝芸能のスタッフのみなさんですね。18年からは、私にとって初めての現場マネジャーさんにもついてもらっています。年が近いということもあって、なんでも相談に乗ってもらってるんです。私の体調が良くないときや、新しいことを始めたはいいけれどなかなか慣れないで不安定なときなど、とても親身になってくれますね。最近見た映画やドラマといった雑談から愚痴まで、すべてを話せる人かもしれません（笑）。

思いを尊重してくれる事務所

マネジャーさんからはよく、「今後挑戦したい仕事や、意思を伝えてね」と言われています。私が所属する東宝芸能は、常日頃、俳優自身がやりたいことを重要視してくれるので。もちろんすべての要望が通るわけではありませんが、実際に実現したケースもあるんですよ。それは19年放送の『大奥 最終章』。時代劇とお姫様役をやってみたい、と話していたところ、その両方が最高の形で実現したんです。とても感謝しています。

こういうことが実現するのは、マネジャーさん

だけのおかげではありません。新しい作品の情報を持ってきてくださる営業の方など、今まで私が様々な仕事をやってきた裏で、事務所のみなさんにずっと支えてもらってきたんです。東宝芸能は少数精鋭なこともあり、スタッフのみなさんと俳優の心の距離が近いんですよ。私は、10歳の頃からお世話になっているので、ほとんどのスタッフの方の名前を覚えています（笑）。事務所には行かずに現場と家の往復だけでも、十分仕事は成り立つと思うのですが、時間があればなるべく事務所に立ち寄るようにもしています。今は私の仕事と関わっていない人でも、いつかは関わってくることがあるでしょう。私はたくさんの人に支えられてきたんだ、と気づき始めたのは最近のことですが、気づいたことでより一層、スタッフさんとの関係は大事にしていきたいな、と思っています。

DRIP
350
300
350
450
400 450
ALL DRINKS
PRICE AS
DOUBLED

GOOD
NEWS

LATTE

ハマリゴト

2018/06

今、自炊にハマっています。もともと母が料理上手なので、私も料理にとても興味があったのですが、台所は母の聖域だったので手伝わせてもらえなかったんですよね（笑）。一人暮らしをきっかけに、いざ自分でお料理をやってみたらすごく楽しくて！ インターネットのレシピ集を見ながら、見よう見まねで挑戦しています。スーパーに買い物に行って、作り置きもして。初めて作ったのはナムルでした。食生活に気を配っているので、自分で食材や調味料を調整して管理できるのがうれしいですね。

2018/07

最近、階段を一段飛ばしで上るようにしています。先月号の連載でもちょっとお話ししたんですが、体調管理、そのなかでも新陳代謝を上げることに興味津々で。移動で電車を使うことが多いので、駅の階段はダダダッと駆け上がり、この前はビルの8階にある部屋に上がるときもエレベーターではなく階段を使って。階段で休憩してる方がいて、「なんだなんだ!?」と驚かせてしまいました(笑)。私は背が低いので、ヒールのある靴を選びがちだったんですけど、最近はなるべく歩きやすいフィットする靴にしています。

2018/08

『センセイ君主』の主題歌が、TWICE さんが歌う『I Want You Back』に決まりました。私、もともとTWICE さんが大好きだったので、すごくうれしかったんです。K-POP は友達に教えてもらって聴き始めたのですが、元気になる楽曲が多くてハマっています。最初に好きになったグループは SEVENTEEN さん！ ダンスがキレキレでかっこよくて、それこそ料理を作るときだったり、掃除するとき、洗濯するときに流して聴いています。Twitter の情報をチェックするためだけの閲覧用に、K-POP アカウントを作ってるほどですよ(笑)。

2018/09

1人カラオケに行くことが楽しみの1つです。とにかく気分転換にはピッタリ。行くとなったら8時間くらいぶっ通し。同じ曲を練習したり、ランチを食べたりしています(笑)。歌うのは、アニメの主題歌や出演作の主題歌が多いですね。例えば、ドラマ『無痛〜診える眼〜』の主題歌だった Superfly さんの『黒い雫』とか。共感してくれる友達が少ない外国曲も1人カラオケ向きだな、と思います。歌うときは採点機能をオンにして、ビブラートやフェイクを入れて(笑)。1人だとやりたい放題できるのがいいです。

2018/10

撮影中は台本が優先ですが、ちょっと余裕のあるときは好きな本を読んでリフレッシュしています。好きなジャンルは大河ファンタジーとミステリー。書店のポップを参考にして買ったりします。最近だと大河ファンタジーなら上橋菜穂子さんの『守り人』シリーズとか、阿部智里さんの『烏に単は似合わない』とか。ミステリーだったら、東野圭吾さんや湊かなえさん、宮部みゆきさんのファンです。好きな作家さんの原作は、映像化するなら絶対に出たいと思っていますし、作家さんご本人にもお会いしたいですね。

#2019/02

今ハマっているのは『後宮に星は宿る 金椛国春秋』（著・篠原悠希）という小説です。実家から東京に戻るときに、帰りの新幹線で読むために母が駅の書店で買ってくれました。中国を舞台に、体の弱い世継ぎの少年が後宮の女性の助けを得ながら、一族皆殺しの災難を逃れるという大河ファンタジーです。女性キャラクターがたくさん出てきて共感できますし、ロールプレイング・ゲームのような展開でスラスラ読めてしまうんですよ。帰りの新幹線であっという間に読み切ってしまい、今はシリーズ作を追いかけています。

#2019/03

最近、Twitterで美容に関する情報を見ることにハマってます。お風呂に入っているときに延々とTwitterをチェックしているのですが、時間を忘れちゃいますね。私が見ているのは、主に健康や美容に気を使っている方がアップされている手料理など。気になったものをチェックして、自分で取り入れられることはマネしています。例えば煮物の具材のアイデアとか、お味噌汁の具材でネギを大量に入れたりとか、納豆にお酢を入れたりとか。楽しくお料理して美容にもつながるからとても参考になりますね。

#2019/04

カットした野菜を盛り付けてドレッシングをかけて、という普通のサラダも好きなのですが、最近ハマっているのが、瓶に材料を全部詰めてシャカシャカしたものをちょっと漬けておく、浅漬けタイプの瓶入りサラダです。ざく切りにしたキャベツときゅうりとセロリを瓶に入れて、砂糖とごま油とすし酢、それに母から送ってもらった「あなん谷《たん》醤油」をかけ、ちょっとの時間漬け込みます。母から教わって試してみたらとてもおいしくて。浅漬けみたいにするので、野菜をたっぷり取れるのがいいですよね。

#2018/11

以前の連載でも私がマンガ好きで、好きな作品として『マギ』や『キングダム』を挙げましたが、最近ハマっているマンガを紹介したいと思います。『宝石の国』という作品です。原作は『月刊アフタヌーン』で連載されている青年向けコミック。遠い未来の世界が舞台で、そこに暮らす宝石の体を持った人々を描くファンタジーです。私は、新幹線など長い移動時間があるときにマンガをまとめて買うことが多いんです。『宝石の国』は、少し前に石川に帰ったときに書店のポップを見て選んだのですが、大当たりでした。

#2018/12

マンガやアニメなどいろいろ好きになった作品がありましたが、2018年に一番ハマったのは自炊かもしれません。以前は、自分で料理をせず、むしろ面倒なことだと思っていたんですけど、いざやってみると本当に楽しくて。仕事を終えて帰ってから料理をすると気分転換にもなるし、作ったものをタッパーに詰めて冷蔵庫にズラッと並んだところを見ると、頑張った成果を見ているような充実感があるんですよね。最近は、レンコンのきんぴらが大好きで、よく作っています。

#2019/05

兵庫での撮影の合間の時間を使って、劇場で映画を見る機会を作ることができました。なかでも、ハマったのは映画『翔んで埼玉』。なんと2回も見に行ってしまったんです(笑)。自分が出演している作品でも２度スクリーンで見ることはめったにないので、珍しいことです。あんなぶっ飛んだ世界観の映画ということも驚きでしたが、二階堂ふみさんが演じる壇ノ浦百美のことを、私はすっかり女子だと思っていて(笑)。男っぽく見せて最後は女子っていうんでしょ、って思っていただけにビックリしました。

#2019/06

今、というよりもずっとハマっているんですが、「お笑い」は欠かせません。小さい頃からテレビで吉本新喜劇を見たり、お笑いのDVDを買って見たりしていたのですが、最近はYouTubeでいろいろと探して見ています。好きなのは我が家さんとかジャングルポケットさんとか、トリオのコントかな。コンビ芸と違って、お芝居の要素が強くなるので、そこを意識して見ています。あ、でも最近ハマったのは、土屋太鳳さんなどのものまねをしていらっしゃる丸山礼さん。ネタが豊富で笑いっぱなしです(笑)。

#2019/07

最近、普段着る洋服を変えています。これまでは全身黒が多かったのですが、努めて明るい色の服を新調しています。服の色を明るくするだけで、肌の色も明るく見えるし、気分も晴れやかになることに気づいて、意識的に変えました。でも、手持ちの黒いものにも合わせられるように、サーモンピンクとか。それもラフすぎず、襟付きのシャツやワンピースなど。撮影現場で同い年くらいの俳優さんが、ちゃんとした私服を着ているのを見て、私もカチッとした服を普段から着ようと思ったんですよね。

#2019/08

最近、インターネットで賃貸物件をよく検索しています。いつか引っ越しをするときは自分で決めたいなと思っていて、その準備のために検索を始めたのですが、想像以上に楽しい作業で。どうしても外せない条件は「スーパーが近いこと」「コンロは２口」「24時間ゴミ出しOK」という、自炊に向く一人暮らし物件。意外と少ないものなんですね(笑)。間取り図を見ているだけでも、新生活への期待が膨らんでいくので止まりません。実際の引っ越しはまだまだ先の話なので、気長に物件探しをしようと思います。

#2019/09

最近、紅茶やハーブティーにハマっています。夜、目が冴えてしまったときにラベンダーティーを飲んだりして。あったかいものを飲むとホッとしますね。それで今はいろいろな紅茶を試して、好みの香りを探しています。特に気に入ったのは、ライチティーですね。おいしいだけでなく、香りがとにかく良くて。また、リラックスしたいときに飲んでいるのが、漢茶というブレンドティー。いろんなハーブが入っているお茶なんですが、ちょっと気分転換をしたいときにピッタリのようです。

Special Talk 2

いつもそばにいてくれる家族へ

仕事を続けられるのは、家族のおかげ。
19歳という「子ども」の今は、まだ甘えてもいいのかな。

11歳のときに、『空色物語「アリと恋文」』(2011年)という作品で女優デビューし、ついに19歳。10代最後の1年を迎えました。

19歳って、社会の中でも、家族の中でも、「子ども」として過ごせる最後の1年のように感じるんです。そんなことを考えるようになって、ますます家族に対して大事にしないといけないな、と思っています。このお仕事を続けることができているのは、家族のおかげでもあるからです。

デビューのきっかけになった、第7回「東宝シ

ンデレラ」オーディションの募集を見つけたのは母でした。母としては、賞をいただけるかというよりは、私が何次審査まで進むことができるか、という興味程度だったようです。ただ、仮に芸能界入りすることがあったとしても、（オーディションを主催する芸能事務所の）東宝芸能だったら預けてもいいかな、とも思っていたみたいで。実は父が東宝芸能所属の俳優さんを好きだったので、東宝芸能だけは知っていたようなんです。

私は石川県出身なのですが、オーディションの面接審査が行われたのは富山、名古屋と遠い場所ばかり。当時はまだ北陸新幹線が通っていなかったので、両親が車を出し、弟も一緒に家族みんなでオーディション会場まで行きました。お仕事を始める前からサポートをしてくれたんですよね。デビューしてからは東京に行く機会が多くなりましたが、そのときも空港までの送り迎えをしてくれました。12年に初めて出演した連続ドラマ『浪花少年探偵団』は撮影が土日だったのですが、金曜の午後には東京に入っていないといけなかったので、父が休みを取って空港まで送ってくれたり、祖母が送ってくれたこともありました。

学校と仕事を両立するに当たって、両親が私に言ったのは「高校まではちゃんと通って卒業してほしい」ということだけ。それは社会人として将来困らないように、という思いからでした。勉強については、「いい成績を取れ」とか「塾に通え」とも言われたことはありません。私の性格をやっぱり分かってくれているんですよね。強制されることがなく自由にさせてもらったおかげで、自主的に勉学に励めたし、お仕事も楽しく挑むことができたんだと思います。

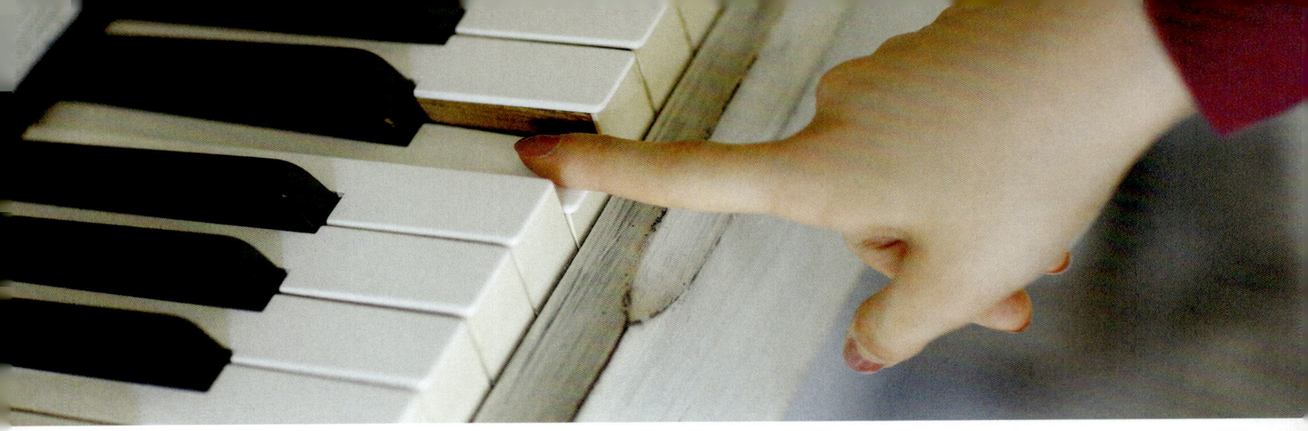

お仕事をサポートしてくれる家族ですが、出演作の全てはチェックしていないようなんです。そして「あのシーンはどうだった」などと演技について細かく指摘することもないですね。『アリと恋文』は初めての作品だったのに、ほぼノーリアクション（笑）。「作品を作ってもらえてよかったね」くらいのことだけでした。その翌年の映画『逆転裁判』は、家族が映画館で見てくれたのですが、感想は「どこにいたのか分からなかった」（笑）。主人公の上司の少女時代という役で出演シーンが少なかったですし、私も「そりゃそうだよね」と思ったのを覚えています。実は、『アリと恋文』は初めての作品ということもあって、自分自身が演技について納得いかなかったんです。もし「演技が良かったね」なんて言われていたら、気を使われていることが見え見えで、かえってつらかったかもしれない。こんな風に、適度な距離を取ってくれる家族の反応は、私にとってとても気が楽なものでした。

そんな家族ですが、しっかりと感想を伝えてくれた作品もあります。1つは『咲－Saki－』。ドラマだけでなく17年に公開された映画も見に行ってくれた母から、「すごく面白かった。良かったよ」と言われて。同じ年の映画『君の膵臓をたべたい』は家族全員が映画館に行って見てくれました。弟は「泣いた」と、祖父母からは「本当に良かった。出演できて良かったね。映画に関わった人達に感謝しないと」と言われました。普段、私の仕事について話さない家族だからこそ、良かったと感想を伝えてくれたときには本当にうれしいし、私のほうが感動してしまったほどです。ちなみに、『映画 賭ケグルイ』は、母が「予告編が怖くて本編を見に行けない」と（笑）。逆にそれもうれしかったんですよね。予告編の時点でそれだけ迫力があったということですから。

私の意志を尊重してくれた両親

家族に支えてもらいながら、学校と仕事を両立してきましたが、18年に上京して一人暮らしをすることを決めました。石川から東京までは新幹線で2時間くらいですから、通いながら仕事を続けることももちろんできるのですが、「東京にいたほうがもっと仕事に時間を使えるから、できれば上京したい」と相談したところ、その意志を尊重

してくれたんです。ただ、一人暮らしは心配だったと思います。特に母は、私が子どもの頃から「いつか結婚しても、絶対に車で10分以内の場所に住んでね」と言ってくれていたくらいですから。

事務所のみなさんと両親は、デビューのころから密に連絡を取ってくれていました。例えば、小学校や中学校で担任の先生が替わるたびに、事務所の方が石川まで挨拶に来てくれましたし、私が仕事場でどんな感じだったのか、両親から事務所に連絡を入れて聞いていたり。そういった関係を築けたことも、東宝芸能に対して安心している理由の1つだったのではないかなと思います。

一人暮らしをするに当たって、以前は毎月決まった生活費をもらっていました。そのなかで食事代をやりくりして、たまに余裕ができると洋服を買ったり。でも19年からは、「20歳になったら大人になるからその準備期間として、自分でやりくりをしてみなさい」と、母から1年分の生活費

が入った私名義の口座を渡されたんです。決まった予算を1年でどう使うか、前よりも、しっかりと管理しないといけなくなりました。お金があるからと無駄遣いしては後で困りますからね（笑）。社会人としての価値観が狂わないように、そしてお金の大切さを忘れないで、という両親の思いを感じています。もしクレジットカードを作って、バンバン買い物をするなんてことを最初にやってしまったら、感覚がズレてしまいますから。

ちなみに私が実家から離れたあと、弟は1人っ子のように伸び伸びとやっているようです。バスケットボールに打ち込んでいるんですが、なんと3つのチームに入ってるようで。3チームに所属すると試合の数も多いのですが、小さい頃は私に時間を取られていたので、今は弟の送り迎えをしていると楽しそうに話していました。両親から、「弟は、私と違って手がかからない」とよく言われます（笑）。実は私、中学生のときに反抗期があって…。親に対して生意気な言い方をしたり、素直になれなかったこともありました。その時期にケンカをしたせいか、高校からはすっかり気持ちが変わり、私も家族に心配をかけないように、とお仕事と勉強を頑張るようになっていたんです。

甘えることも親孝行になるかな？

最近、父からは「お前が今ちゃんと頑張っていられるのは、モデルでもアイドルでもなく、女優という仕事だからだと思う。今後のために、しっかりと目標を持って取り組んだほうがいいよ」と言われました。それを聞いて、とてもうれしくて。まずは、お仕事を楽しくやっている姿を家族に見てもらうこと。それが、私ができる両親へのお返しになるんじゃないかとも思っています。

仕事以外の場面でも親孝行をしたいとも考えています。以前、撮影現場で年上の方から「親にわがままを言うこともいいことなんじゃないか」と言われたんです。これまでの私は、応援してくれる親の手をなるべく煩わせないようにしようと心掛けてきました。でも、大人になるときっと家族と一緒に過ごす時間はどんどん減っていきます。19歳というまだ「子ども」の今は、手がかからないよりも、手が掛かりすぎるくらいのほうが親としてはうれしいんじゃないか、って。体調面などではもちろん心配をかけてはいけないので、しっかり考えて食事をとって、トレーニングなどをして自分でコントロールをしますが、甘えるところは甘えてみようかな。

いつか私が計画して、家族みんなを旅行に連れていきたいと考えています。いろいろ行きたいところはありますけど、夢は寝台特急での北海道旅行。小さいころ、母と「北海道に行くなら寝台特急で行きたいね」と話していたんですが、それを母が覚えていて。これは、20歳を超えて大人になってからの目標にしたいと思います。

FOL.
MYRTILLI

Feuilles de Coca
BOLUS ALB.
RAD. LIQUIRIT. PULV.

本書は日経エンタテインメント!(2018年7月号〜2019年10月号)
の連載を基に加筆、書き下ろしを加えたものです。

撮影　中川容邦
スタイリスト　有咲、瀬川由美子
ヘアメイク　鎌田順子(JUNO)
装丁　bookwall
構成　よしひろまさみち
羽田健治(日経エンタテインメント!)

ARTIST MANAGEMENT　東宝芸能

衣装協力
【8〜37P】cotelac
【206〜221P】CHONO、ROSSINI
【222〜229P】DENNY ROSE

気ままに美波

2019年11月12日　第1版第1刷発行
2020年4月17日　第1版第4刷発行

著者　浜辺美波
発行者　村上広樹
発行　日経BP
発売　日経BPマーケティング
〒105-8308　東京都港区虎ノ門4-3-12

印刷・製本　大日本印刷株式会社

ISBN　978-4-296-10327-0

定価はカバーに表示してあります。

本書に関するお問い合わせ、ご連絡は下記ににて承ります。
https://nkbp.jp/booksQA